Impressum
Verlag: BABADADA GmbH, Nedderfeld 112 , 22529 Hamburg
Geschäftsführer / Verlagsleitung: Harald Hof
Druck: Books on Demand GmbH, In de Tarpen 42, 22848 Norderstedt

Imprint
Publisher: BABADADA GmbH, Nedderfeld 112 , 22529 Hamburg, Germany
Managing Director / Publishing direction: Harald Hof
Print: Books on Demand GmbH, In de Tarpen 42, 22848 Norderstedt, Germany

школа

سکول

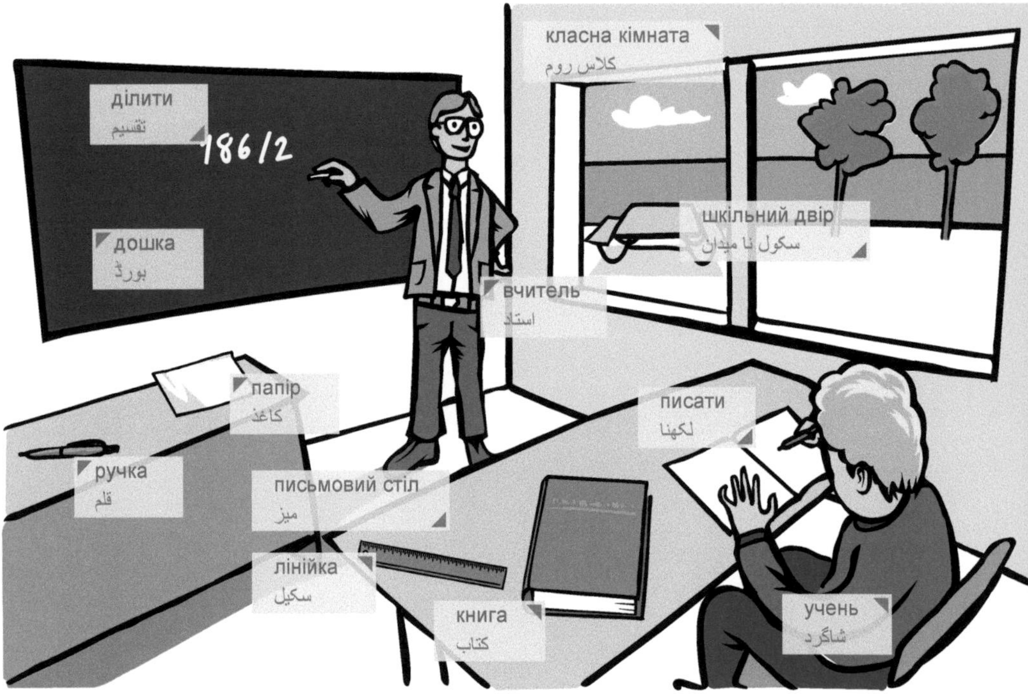
класна кімната
کلاس روم
ділити
تقسیم
186/2
дошка
بورڈ
шкільний двір
سکول نا میدان
вчитель
استاد
папір
کاغذ
писати
لکھنا
ручка
قلم
письмовий стіл
میز
лінійка
سکیل
книга
کتاب
учень
شاگرد

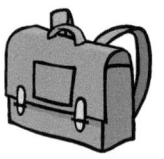

ранець

جزدان

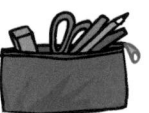

пенал

پینسل دا ڈبہ

олівець

پینسل

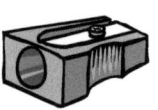

точило

پینسل شارپنر

гумка

ربر

альбом для малювання

ڈرائنگ پیڈ

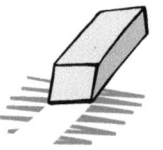

малюнок

ڈرائنگ

пензель

پینٹ برش

коробка фарб

پینٹ باکس

ножиці

قینچی

клей

گلو

зошит

مشقی کتاب

домашнє завдання

گھر دا کم

число

عدد

додавати

جمع

віднімати

تفریق

множити

ضرب

рахувати

کیلکولیٹ

літера

خطره

абетка

حروف تہجی

слово

لفظ

текст

متن

читати

پڑھنا

крейда

چاک

година

سبق

класний журнал

رجسٹر

екзамен

امتحان

диплом

سند

шкільна форма

سکول نی وردی

освіта

تعلیم

лексикон

انسائیکلوپیڈیا

університет

یونیورسٹی

мікроскоп

مائیکرو سکوپ

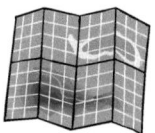

карта

نقشہ

кошик для паперу

کچرے نا ڈبہ

подорож

سفر

готель
ہوٹل
Grand
турбаза
ہاسٹل
ROOMS
обмінний пункт
ایکسچینج دفتر
валіза
سوٹ کیس
автомобіль
کار

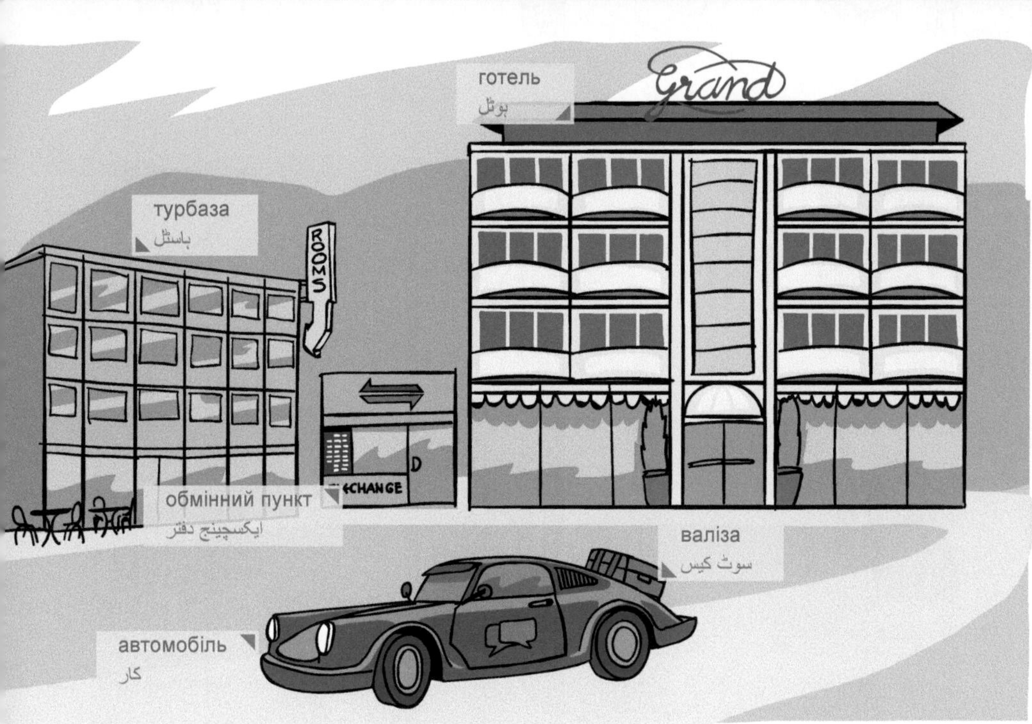

мова

بولی

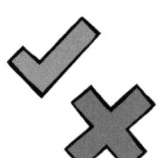

так / ні

ہاں /نئیں

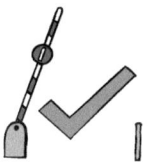

добре

ٹھیک ہے

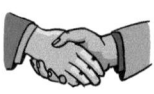

привіт

اسلام و علیکم

перекладач

ترجمان

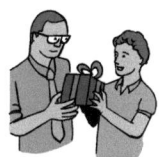

дякую

شکریہ

Скільки коштує ...?

ایہہ کنے نے ؟

Я не розумію

می سمجھ نئیں رلی

проблема

مسئلہ

Добрий вечір!

اسلام و علیکم

Доброго ранку!

اسلام و علیکم

На добраніч!

اللہ حافظ

До побачення

اللہ نے حوالے

напрямок

سمت

багаж

سامان

сумка

بیگ

рюкзак

بیک پیک

гість

مہمان

кімната

کمرہ

спальний мішок

سلیپنگ بیگ

намет

خیمہ

туристична інформація

سياح لئی معلومات

пляж

ساحل سمندر

кредитна картка

كريڈٹ كارڈ

сніданок

ناشتہ

обід

دوپہر نا کھانا

вечеря

رات نا کھانا

квиток

ٹکٹ

ліфт

لفٹ

поштова марка

مہر

межа

بارڈر

митниця

کسٹمز

посольство

ایمبیسی

віза

ویزا

паспорт

پاسپورٹ

транспорт

ٹرانسپورٹ

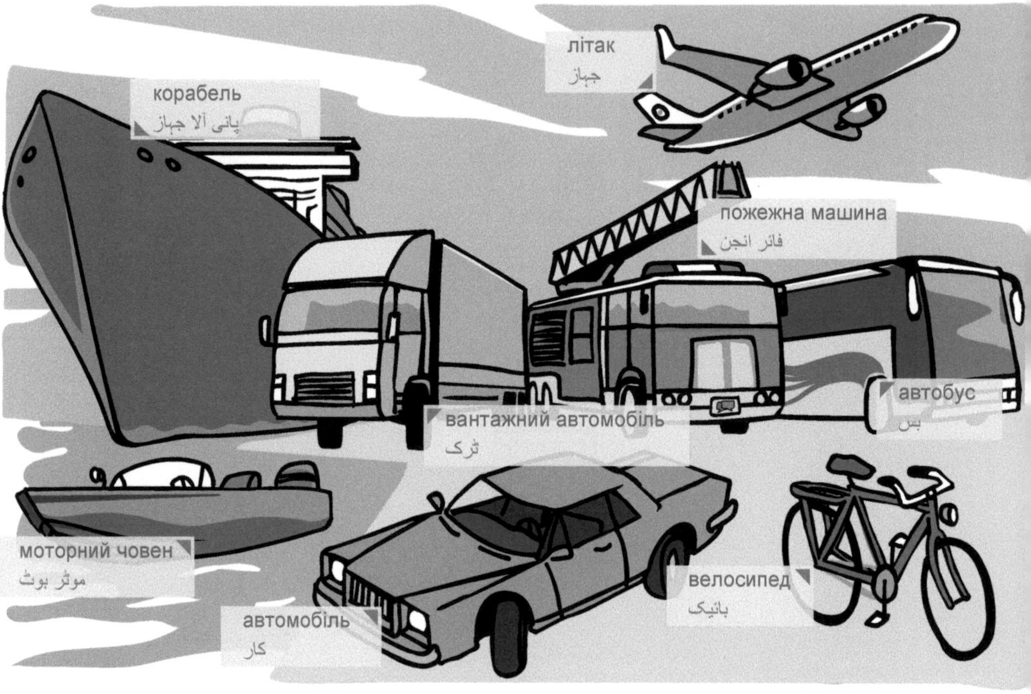

літак
جہاز
корабель
پانی آلا جہاز
пожежна машина
فائر انجن
автобус
بس
вантажний автомобіль
ٹرک
моторний човен
موٹر بوٹ
велосипед
بائیک
автомобіль
کار

пором

фیری

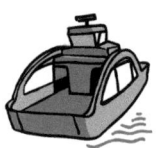

човен

کشتی

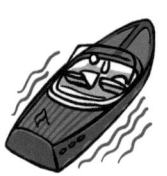

мотоцикл

موٹر بائیک

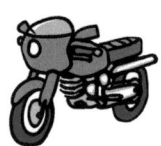

поліцейська машина

پولیس کار

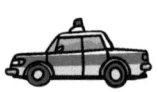

гоночний автомобіль

ریسنگ کار

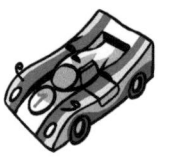

автомобіль на прокат

کرایہ نی گڈ

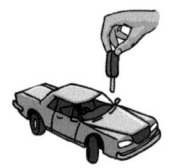

спільне користування авто

کار شئیرنگ

евакуатор

بریک ڈاؤن ٹرک

сміттєвоз

ریفیوز ٹرک

двигун

موٹر

паливо

فیول

автозаправна станція

پٹرول سٹیشن

дорожній знак

ٹریفک سائن

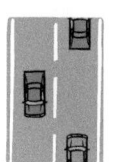

рух

ٹریفک

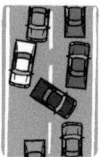

затор

ٹریفک جام

стоянка

کار پارک

вокзал

ریل سٹیشن

рейки

ٹریکس

потяг

ریل

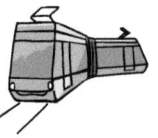

трамвай

ٹرام

вагон

کیرج

гелікоптер

بیلی کاپٹر

аеропорт

ائر پورٹ

вежа

مینار

пасажир

مسافر

контейнер

کنٹینر

коробка

کاٹن

візок

چھکڑا

кошик

بالٹی

стартувати / приземлятися

اڑنا / لپنا

місто

شہر

село

پنڈ

центр міста

سٹی سینٹر

дім

گھار

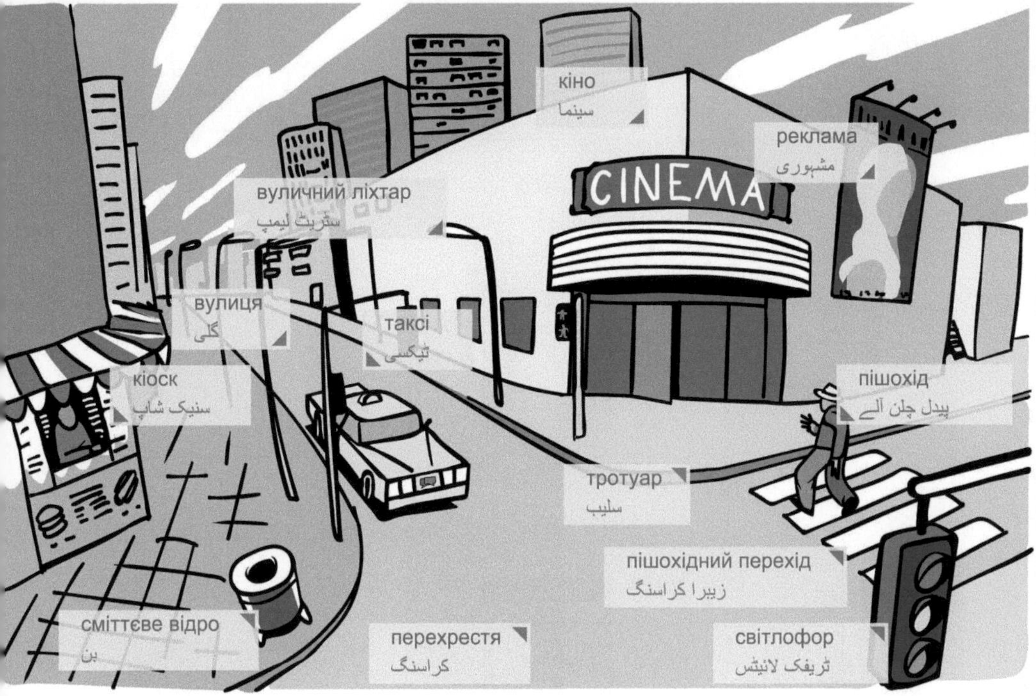

кіно
سینما

реклама
مشہوری

вуличний ліхтар
سٹریٹ لیمپ

вулиця
گلی

таксі
ٹیکسی

пішохід
پیدل چلن آلے

кіоск
سنیک شاپ

тротуар
سلیپ

пішохідний перехід
زیبرا کراسنگ

сміттєве відро
بن

перехрестя
کراسنگ

світлофор
ٹریفک لائٹس

хатина

بٹ

квартира

فلیٹ

вокзал

ریل سٹیشن

ратуша

ٹاؤن ہال

музей

میوزئیم

школа

سکول

університет

یونیورسٹی

банк

بینک

лікарня

ہسپتال

готель

ہوٹل

аптека

فارمیسی

офіс

دفتر

книжковий магазин

کتب خانہ

магазин

بٹی

квітковий магазин

پھلاں الے

супермаркет

سپر مارکیٹ

ринок

بازار

універмаг

ڈیپارٹمنٹ سٹور

торговець рибою

مچھیرے

торговельний центр

شاپنگ سینٹر

гавань

بندرگاہ

парк

پارک

лава

بنچ

міст

پل

сходи

سیڑھیاں

метро

انڈر گراؤنڈ

тунель

ٹنل

автобусна зупинка

بس سٹاپ

бар

بار

ресторан

ریسٹورنٹ

поштова скринька

پوسٹ بکس

вулична табличка

سٹریٹ سائن

лічильник паркування

پارکنگ میٹر

зоопарк

چڑیا کھار

басейн

سوئمنگ پول

мечеть

مسجد

ферма

فارم

забруднення навколишнього середовища

آلودگی

кладовище

قبرستان

церква

چرچ

дитячий майданчик

پلے گراؤنڈ

храм

مندر

ландшафт

منظر

листок
پتہ

вказівний стовп
سائن پوسٹ

шлях
راہ

луг
سر سبز میدان

камінь
پتھر

дерево
درخت

мандрівник
ہائیکر

річка
دریا

трава
گاہ

квітка
پھول

долина

وادی

гора

پہاڑی

озеро

نہر

ліс

جنگل

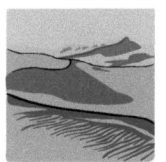

пустеля

صحرا

вулкан

آتش فشاں

замок

قلعہ

веселка

رین بو

гриб

کھمبی

пальма

پام ٹری

комар

مچھر

муха

مکھی

мурашка

چیونٹا

бджола

مکھی

павук

مکڑی

жук

بهوترا

жаба

مينڈک

вивірка

گلهری

їжак

سيپ

заєць

ساهيا

сова

الو

птах

پرنده

лебідь

راج هنس

кабан

نر سور

олень

برن

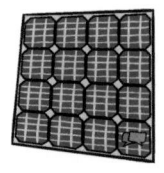

лось

باره سنگا

гребля

ڈيم

вітряк

ونڈ ٹربائن

соنячний модуль

شمسی توانائی دا پينل

клімат

آب و هوا

ресторан

ریسٹورنٹ

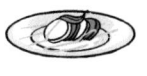

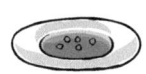

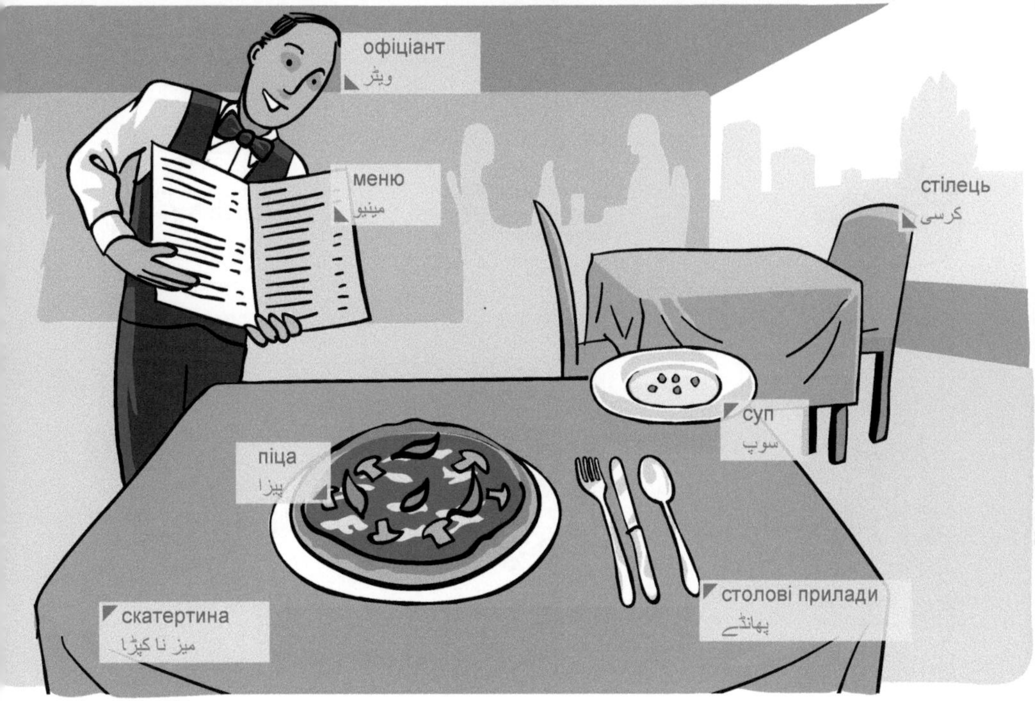

офіціант
ویٹر
меню
مینیو
стілець
کرسی
суп
سوپ
піца
پیزا
скатертина
میز نا کپڑا
столові прилади
پھانڈے

закуска

سٹارٹر

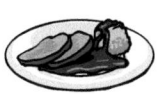

друга страва

مین کورس

десерт

ڈیزرٹ

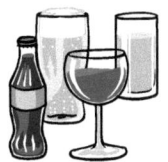

напої

مشروب

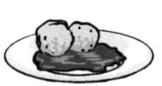

їжа

کھانا

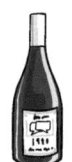

пляшка

بوتل

фаст-фуд

فاسٹ فوڈ

вулична їжа

سٹریٹ فوڈ

чайник

ٹی پاٹ

цукорниця

شوگر بول

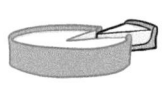

порція

پورشن

еспресо-машина

أسپریسو مشین

високий стільчик

ہائی چنیر

рахунок

بل

піднос

ٹرے

ніж

چھری

вилка

کانٹا

ложка

چمچ

чайна ложка

ٹی سپون

серветка

تولیہ

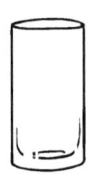

склянка

گلاس

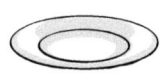

тарілка

پلیٹ

тарілка для супу

سوپ پلیٹ

блюдце

ساسر

соус

چٹنی

солонка

نمک دانی

млин для перцю

پیپر مل

оцет

سرکہ

масло

تیل

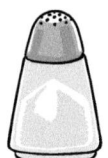

спеції

مصالحہ

кетчуп

کیچپ

гірчиця

سرپینوں

майонез

مینیز

супермаркет

سپر مارکیٹ

пропозиція
سپیشل آفر
FOR
клієнт
گاہک
молочні продукти
ڈیری
фрукти
پھل
візок для покупок
ٹرالی

BUTCHERS

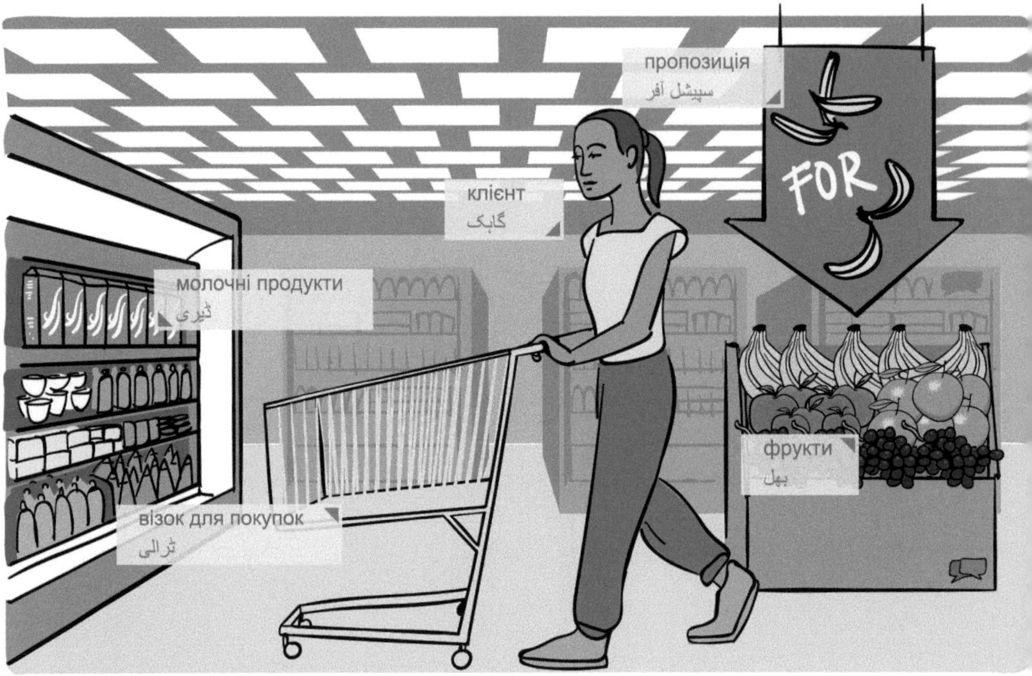

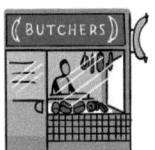

м'ясний магазин

قصائی

BAKERY

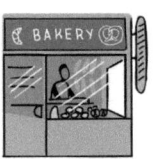

пекарня

بیکرز

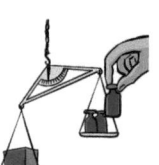

зважувати

وزن

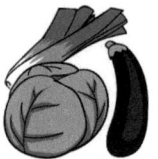

овочі

سبزیاں

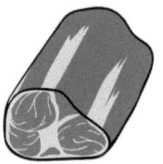

м'ясо

گوشت

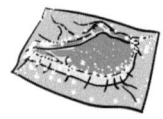

заморожені продукти

فروزن فوڈ

ковбасна нарізка

کولڈ گوشت

консерви

ٹن فوڈ

пральний порошок

واشنگ پوڈر

солодощі

مٹھائی

предмети домашнього побуту

کھار دیاں چیزاں

мийний засіб

صفائی آلی چیزاں

продавщиця

سیل مین

каса

ٹل

касир

کیشنیر

список покупок

شاپنگ لسٹ

часи роботи

کھلن دا ویلا

гаманець

پرس

кредитна картка

کریڈٹ کارڈ

сумка

بیگ

поліетиленовий пакет

پلاسٹک بیگ

вода

پانی

сік

جوس

молоко

ددھ

кола

کوک

вино

شراب

пиво

شراب

алкоголь

شراب

какао

کوکا

чай

چا

кава

کافی

еспресо

أسپریسو

капучіно

کیپچینو

банан

کیلا

яблуко

سیب

апельсин

موسمبی

кавун

تربوز

лимон

نیمبو

морква

گاجر

часник

لہسن

бамбук

بانس

цибуля

پیاز

гриб

کھمبی

горішки

میوے

локшина

نوڈلز

спагеті

سپیگیٹی

рис

چاول

салат

سلاد

картопля фрі

چپس

смажена картопля

تلے ہوئے آلو

піца

پیزا

гамбургер

بیم برگر

бутерброд

سینڈوچ

шніцель

تکے

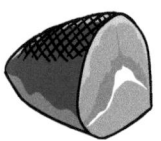

шинка

بیم

салямі

سلامی

ковбаса

ساسج

курка

مرغی

печеня

بھنیا ہویا

риба

مچھی

вівсяні пластівці

جو نا دلیم

мюслі

مولی

кукурудзяні пластівці

کارن فلیکس

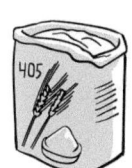

борошно

آٹا

круасан

کرائسنٹ

булочка

بریڈ رول

хліб

روٹی

тостовий хліб

ٹوسٹ

печиво

بسکٹ

масло

مکھن

сир

دہی

пиріг

کیک

яйце

انڈا

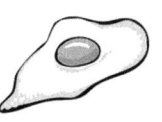

яєчня

تلیا انڈا

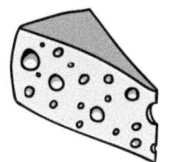

сир

پنیر

морозиво

آئس کریم

цукор

چینی

мед

شہد

мармелад

جام

нуга-крем

چاکلیٹ سپریڈ

карі

سالن

ферма

فارم

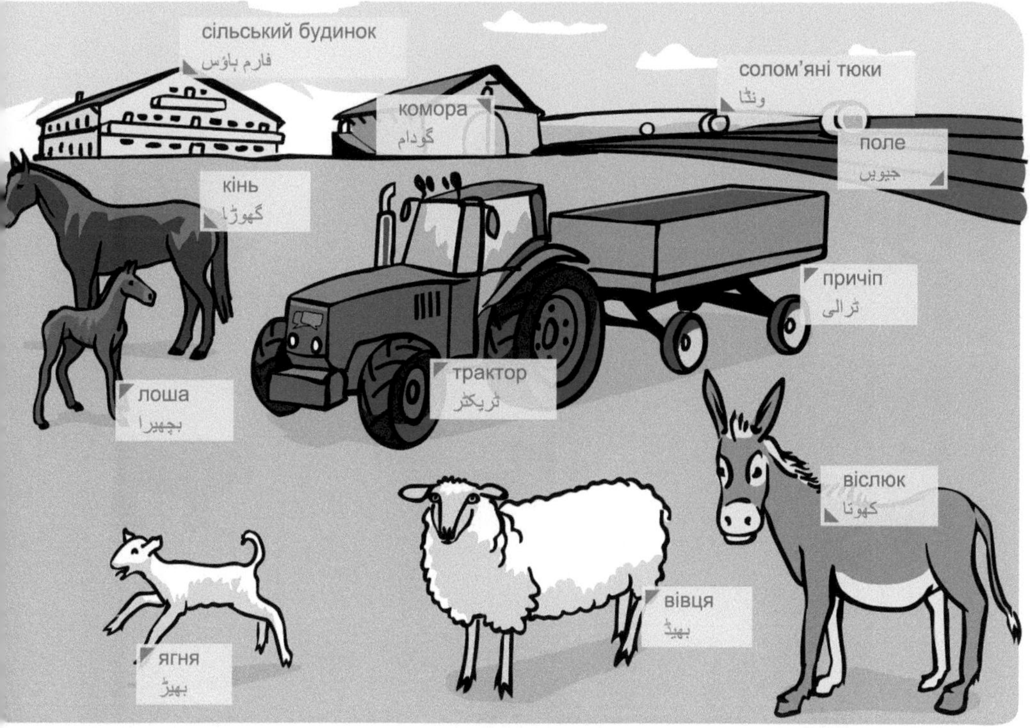
сільський будинок
فارم ہاؤس
комора
گودام
солом'яні тюки
ونٹا
поле
جیوین
кінь
گھوڑا
причіп
ٹرالی
лоша
بچھیرا
трактор
ٹریکٹر
віслюк
کھوتا
вівця
بھیڑ
ягня
بھیڑ

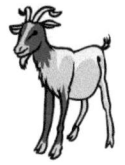

коза

بکری

корова

گاں

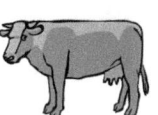

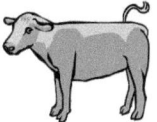

теля

بچھڑا

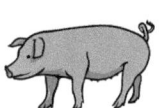

свиня

سور

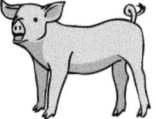

порося

پگ لیٹ

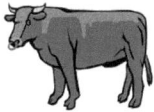

бик

بیل

гусак

بطخ

качка

بطخ

курча

چوزه

курка

مرغی

півень

مرغا

щур

چوہا

кіт

بلی

миша

چوہا

віл

بیل

собака

کتا

собача будка

کتے نا کھار

садовий шланг

لان نا پائپ

лійка

پانی نا ڈبہ

коса

درانتی

плуг

ہل

серп

درانتی

мотика

ہو

вила

ترنگل

сокира

کوہاڑی

тачка

ریڑھی

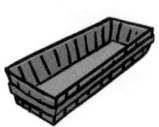

корито

ڈونگا

бідон молока

دودھ کا ڈبہ

мішок

بورا

паркан

باڑ

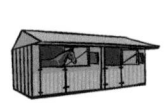

хлів

اصطبل

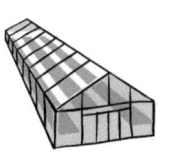

теплиця

گرین ہاؤس

ґрунт

مٹی

насіння

بیج

добриво

کھاد

комбайн

کمبائن ہارویسٹر

пожинати

فصل

урожай

فصل

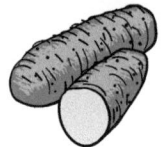

корінь ямсу

يامز

пшениця

گندم

соя

سويا

картопля

آلو

кукурудза

مکئی

ріпак

تلی

плодове дерево

پھلدار درخت

маніок

کاساوا

злаки

اناج

дім

کھار

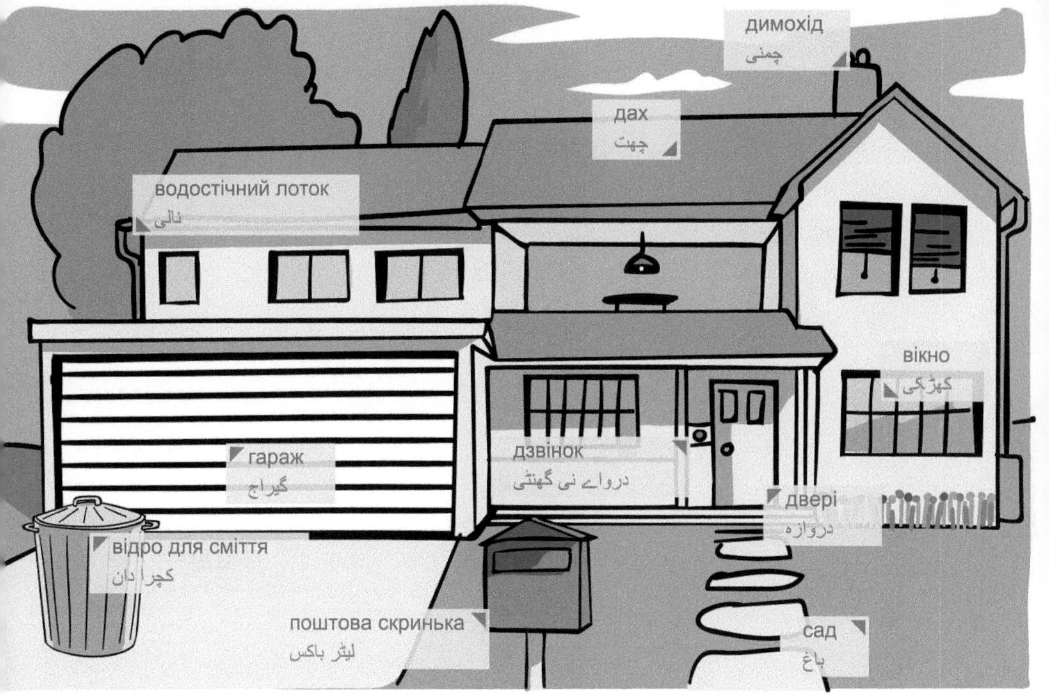

димохід
چمنی
дах
چھت
водостічний лоток
نالی
вікно
کھڑکی
гараж
گیراج
дзвінок
دروازے نی گھنٹی
двері
دروازہ
відро для сміття
کچرا دان
поштова скринька
لیٹر باکس
сад
باغ

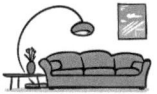

вітальня

لونگ روم

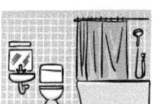

ванна кімната

باتھ روم

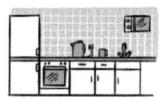

кухня

باورچی خانہ

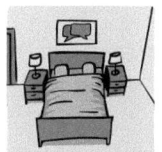

спальня

بیڈروم

дитяча кімната

بچیاں نا کمرہ

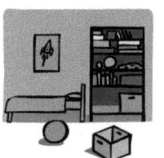

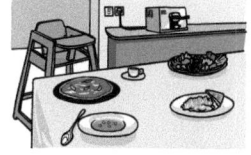

їдальня

ڈائننگ روم

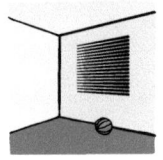

підлога

فرش

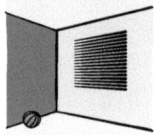

стіна

دیوار

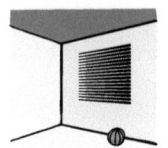

стеля

چهت

підвал

تہخانہ

сауна

سوانا

балкон

بالکنی

тераса

ٹیرس

басейн

پول

косарка

لان موور

простирало

شیٹ

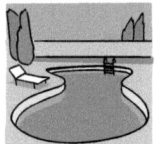

ковдра

بیڈ سپریڈ

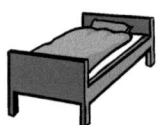

ліжко

بیڈ

мітла

جھاڑو

відро

بالٹی

перемикач

سوئچ

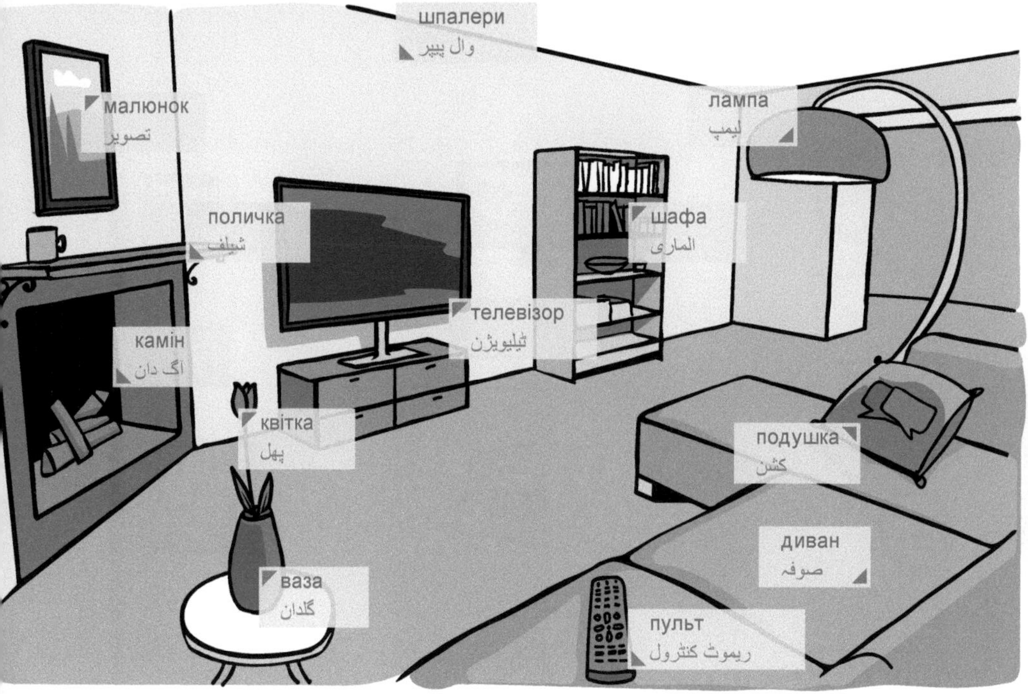

шпалери — وال پیپر

малюнок — تصویر

лампа — لیمپ

поличка — شیلف

шафа — الماری

камін — اگ دان

телевізор — ٹیلیویژن

квітка — پھل

подушка — کشن

диван — صوفہ

ваза — گلدان

пульт — ریموٹ کنٹرول

килим
....
قالین

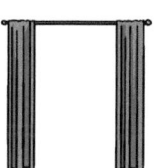

завіса
....
پردے

стіл
....
میز

стілець
....
کرسی

крісло-гойдалка
....
راکنگ چنیر

крісло
....
آرم چنیر

книга

كتاب

ковдра

كمبل

прикраса

ڈیکوریشن

дрова

كولے

фільм

فلم

стереосистема

بانی فانی آلات

ключ

چابی

газета

اخبار

картина

پینٹنگ

плакат

پوسٹر

радіо

ریڈیو

блокнот

نوٹ پیڈ

пилосос

ہوور

кактус

کیکٹس

свічка

موم بتی

кухня

باورچہ خانہ

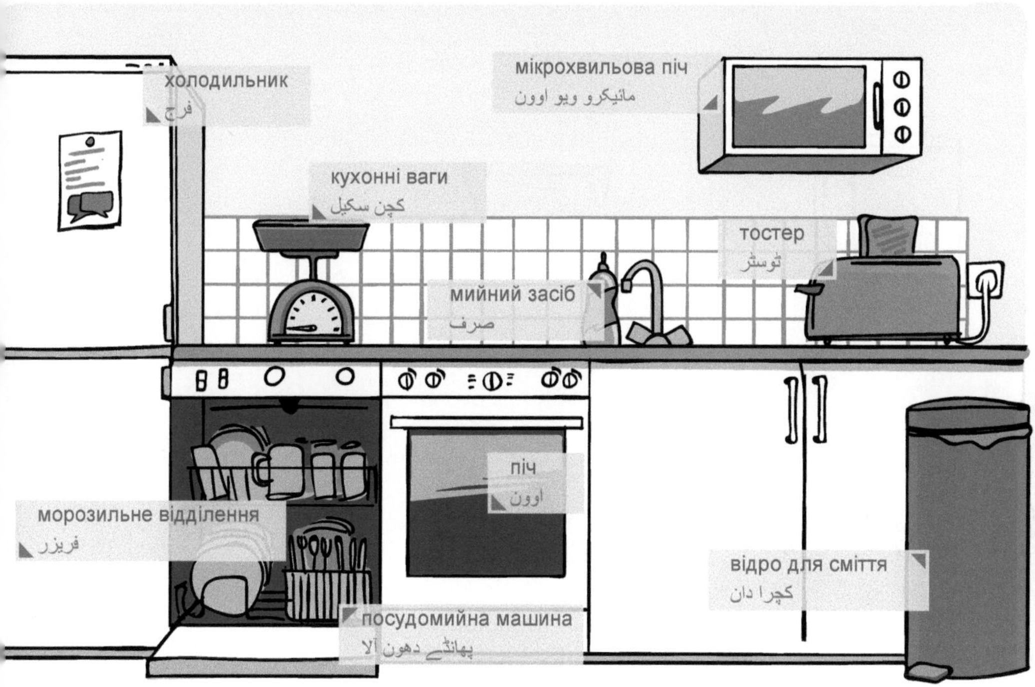

холодильник
فرج
мікрохвильова піч
مائیکرو ویو اوون
кухонні ваги
کچن سکیل
тостер
ٹوسٹر
мийний засіб
صرف
піч
اوون
морозильне відділення
فریزر
відро для сміття
کچرا دان
посудомийна машина
پھانڈے دھون آلا

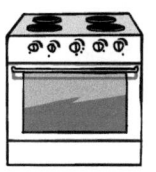

плита

ککر

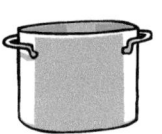

горщик

پاٹ

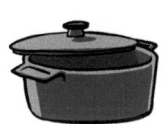

чавунний горщик

کاسٹ آئرن پاٹ

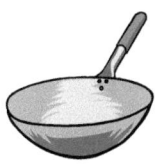

вок / кадай

ووک / کدائی

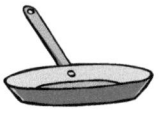

сковорода

پین

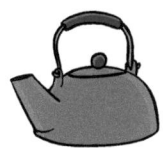

чайник

کیتلی

пароварка

سٹیمر

лист

بیکنگ ٹرے

посуд

پھانٹے

кухоль

مگا

чаша

پیالہ

палички для їжі

چوپ سٹکس

черпак

کرچھل

лопатка

اسپالی

вінчик для збивання

پھینٹن آلا

сито

چھننا

сито

چھننی

терка

جھاواں

ступка

کھان پکان آلا چمچہ

барбекю

باربی کیو

багаття

چولھا

дошка

کٹنگ بورڈ

качалка

رولنگ پن

штопор

کارک سکرو

конзерва

کین

відкривачка

کین کھلون آلا

прихватки

پاٹ پکڑن آلا

раковина

سنک

щітка

برش

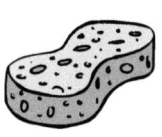

губка

سپنج

міксер

بلینڈر

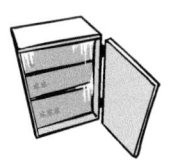

морозильна камера

ڈیپ فریزر

дитяча пляшка

بچے نی بوتل

кран

ٹوٹی

Error

باورچہ خانہ - **КУХНЯ**   37

ванна кімната

باته روم

опалення
پیٹنگ

душ
شاور

рушник
تولیه

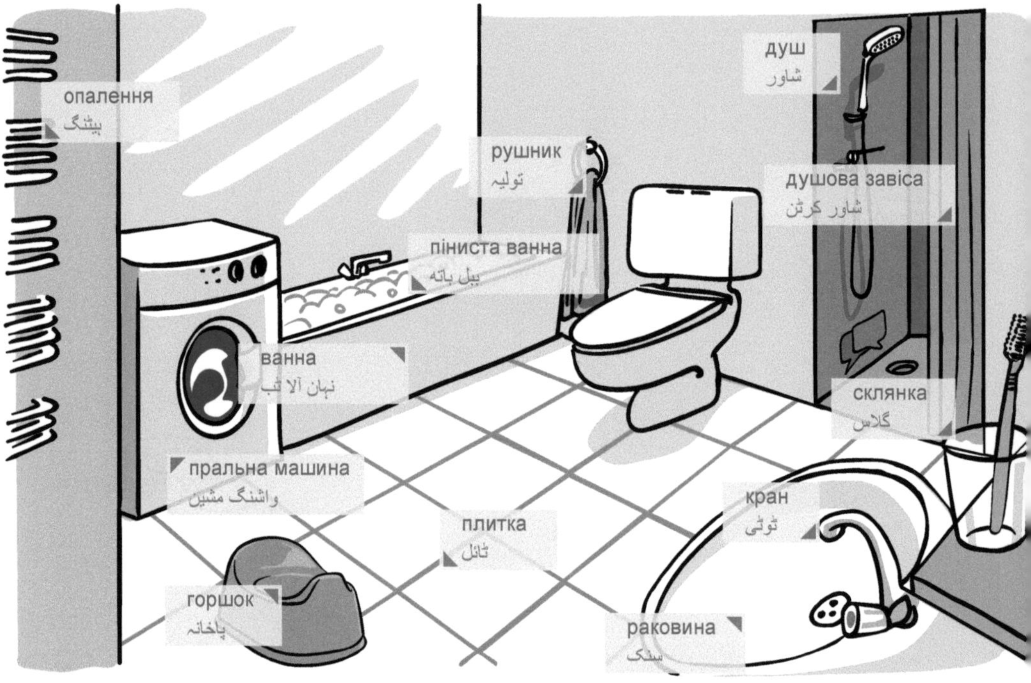

душова завіса
شاور کرٹن

пiниста ванна
بیل باتھ

ванна
نہان آلا تب

склянка
گلاس

пральна машина
واشنگ مشین

плитка
ٹائل

кран
ٹوٹی

горшок
پاخانه

раковина
سنک

туалет

пiдлоговий туалет

бiде

ٹوائلٹ

ٹوائلٹ

بٹت

пiсуар

туалетний папiр

щiтка для туалету

پیشاب

ٹوائلٹ پیپر

ٹوائلٹ برش

38   ванна кімната - باته روم

зубна щітка

ٹوتھ برش

зубна паста

ٹوتھ پیسٹ

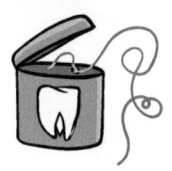

нитка для чищення зубів

ڈینٹل فلاس

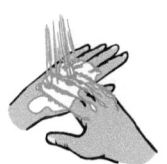

мити

دھونا

ручний душ

بتھ وچ پھڑن آلا شاور

інтимний душ

شاور

таз

بیسن

щітка для спини

بیک برش

мило

صابن

гель для душу

شاور جیل

шампунь

شیمپو

мочалка

فلالین

водостік

نالی

крем

کریم

дезодорант

ڈیوڈرنٹ

дзеркало

آئینہ

косметичне дзеркало

بتہ آلا شیشہ

бритва

استرا

піна для гоління

شیونگ فوم

лосьйон після гоління

أفٹر سیو

гребінь

کنگھا

щітка

برش

фен

ہیئر ڈرائر

лак для волосся

ہیئر سپرے

косметика

میک اپ

губна помада

لپ سٹک

лак для нігтів

ناخن نی وارنش

вата

کاٹن وول

ножиці для нігтів

ناخن کتر

парфум

پرفیوم

косметичка

واش بيگ

табурет

پاخانه

ваги

وزن دا پيمانه

халат

باته نى المارى

гумові рукавички

ربر نے دستانه

тампон

بفر

гігієнічні прокладки

توليہ سٹینڈ

біотуалет

کیمیکل ٹوائلٹ

дитяча кімната

بچیاں نا کمرہ

будильник
الارم کلاک
м'яка іграшка
کھڈونے
іграшковий автомобіль
کھڈونا گڈی
брязкальце
ھڑھڑ
ляльковий будиночок
گڈی نا کھار
подарунок
تحفہ

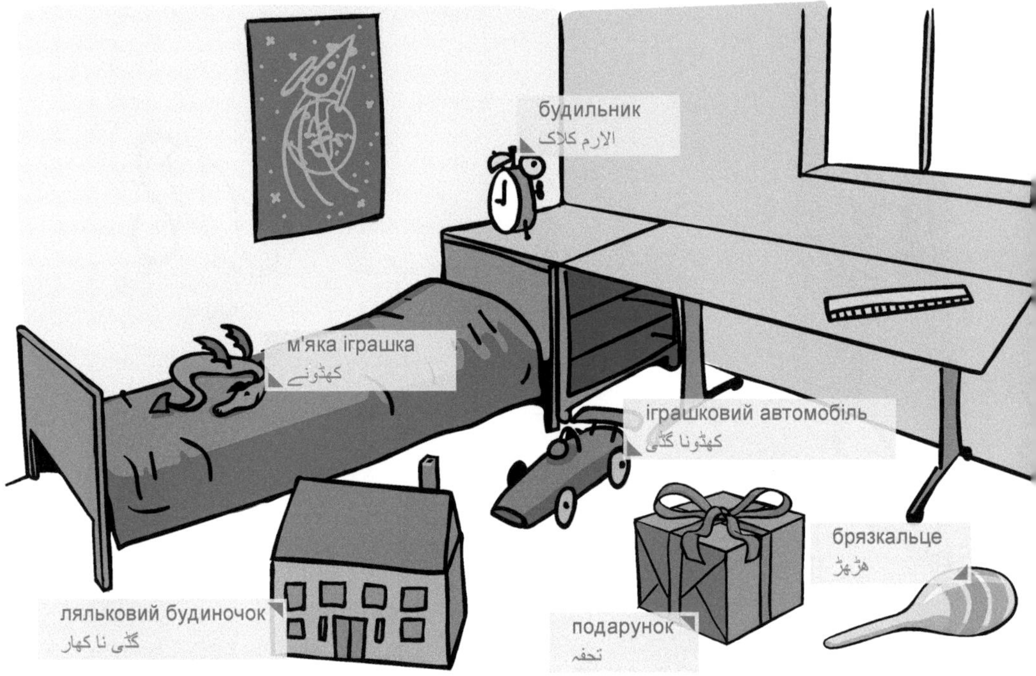

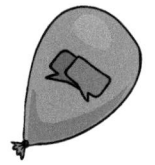

повітряна кулька

پھکانا

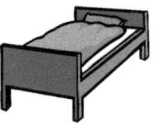

ліжко

بیڈ

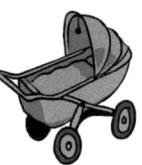

дитячий візок

پرام

картярська гра

تاش نے پتے

пазл

جگ سا

SUPER
MEGA

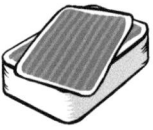

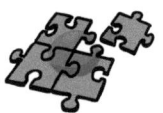

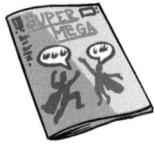

комікс

کامک

лего цеглинки

ليگو بركس

блоки

بلڈنگ بلاكس

іграшкова фігурка

كھٹونا

повзунки

بےبی گرو

фризбі

فرزوی

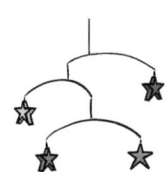

мобіле

موبائل

настільна гра

بورڈ گیم

кубик

ڈائس

модель залізнична станція

ماڈل ٹرن سیٹ

соска

ڈمی

вечірка

پارٹی

книжка з картинками

تصویری كتاب

м'яч

گیند

лялька

گڈی

грати

كھیلنا

пісочниця

سینڈ پٹ

гойдалка

جھولا

іграшка

کھلونے

гральна консоль

ویڈیو گیم کنسول

триколісний велосипед

ٹرائی سائیکل

плюшевий мішка

ٹیڈی بئیر

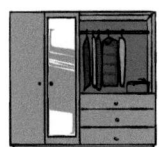

шафа

الماری

ОДЯГ

کپڑے

шкарпетки

جراباں

панчохи

جراباں

колготки

ٹائٹس

шарф
سكارف

парасоля
چھتری

футболка
ٹی شرٹ

ремінь
بیلٹ

чоботи
بوٹ

домашнє взуття
سلیپر

кросівки
جوگر

сандалі
سینڈل

взуття
جوتی

гумові чоботи
ربر نے جوتی

труси
انڈر ونیر

бюстгальтер
برا

нижня сорочка
بنیان

одяг - کپڑے   45

боді

جسم

штани

پاجامہ

джинси

جینز

спідниця

سکرٹ

блузка

برا

сорочка

قمیض

пуловер

سوئیٹر

светр

بوشی

піджак

کوٹ

куртка

جیکٹ

пальто

کوٹ

дощовик

برساتی

костюм

کاسٹیوم

сукня

کپڑے

весільна сукня

شادی نا جوڑا

костюм

سوٹ

нічна сорочка

راتے نے کپڑے

піжама

پاجامہ

сарі

ساڑھی

головна хустка

سکارف

чалма

پگڑی

бурка

برقعہ

кафтан

کفتان

абая

برقعہ

купальник

نہان والے کپڑے

плавки

انڈرونیر

шорти

نیکر

тренувальний костюм

ٹریک سوٹ

фартух

دھوتی

рукавички

دستانے

гудзик

بٹن

окуляри

چشمہ

браслет

بریسلیٹ

ланцюг

ہار

кільце

انگوٹھی

сережка

کنڈے

шапка

ٹوپی

плічка

کوٹ ہینگر

капелюх

ٹوپی

краватка

ٹائی

застібка-блискавка

زپ

шолом

ہیلمٹ

підтяжки

بریسز

шкільна форма

سکول نی وردی

уніформа

وردی

нагрудник

بب

соска

ڈمی

підгузок

ناپی

офіс

دفتر

шаф для документів
فائلاں نے الماری

сервер
سرور

принтер
پرنٹر

монітор
مانیٹر

папір
کاغذ

миша
ماؤس

письмовий стіл
میز

папка
فولڈر

синтезатор
کی بورڈ

кошик для паперу
کچرے نا ڈبہ

стілець
کرسی

комп'ютер
کمپیوٹر

кавовий кухоль

کافی مگ

калькулятор

کیلکولیٹر

інтернет

انٹرنیٹ

ноутбук

لیپ ٹاپ

лист

خط

повідомлення

پیغام

мобільний телефон

موبائل

мережа

نیٹ ورک

копіювальний пристрій

فوٹو کاپیئر

програмне забезпечення

سافٹ ویئر

телефон

ٹیلیفون

розетка

پلگ ساکٹ

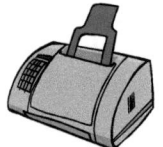

факс

فکس مشین

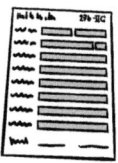

бланк

فارم

документ

دستاویزات

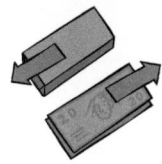

купувати

خریدنا

платити

ادا کرنا

торгувати

تجارت

гроші

پیسہ

долар

ڈالر

євро

یورو

ієна

ین

рубль

ریل

франк

سویس فرانک

юанів женьміньбі

رینمینبی یوان

рупія

روپیہ

банкомат

کیش پوائنٹ

обмінний пункт

ایکسچینج دفتر

золото

سونا

срібло

چاندی

нафта

تیل

енергія

توانائی

ціна

قیمت

контракт

معاہدہ

податок

ٹیکس

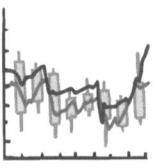

акція

سٹاک

працювати

کم

працівник

ملازم

роботодавець

آجر

фабрика

فیکٹری

магазин

بٹی

професії

پیشہ

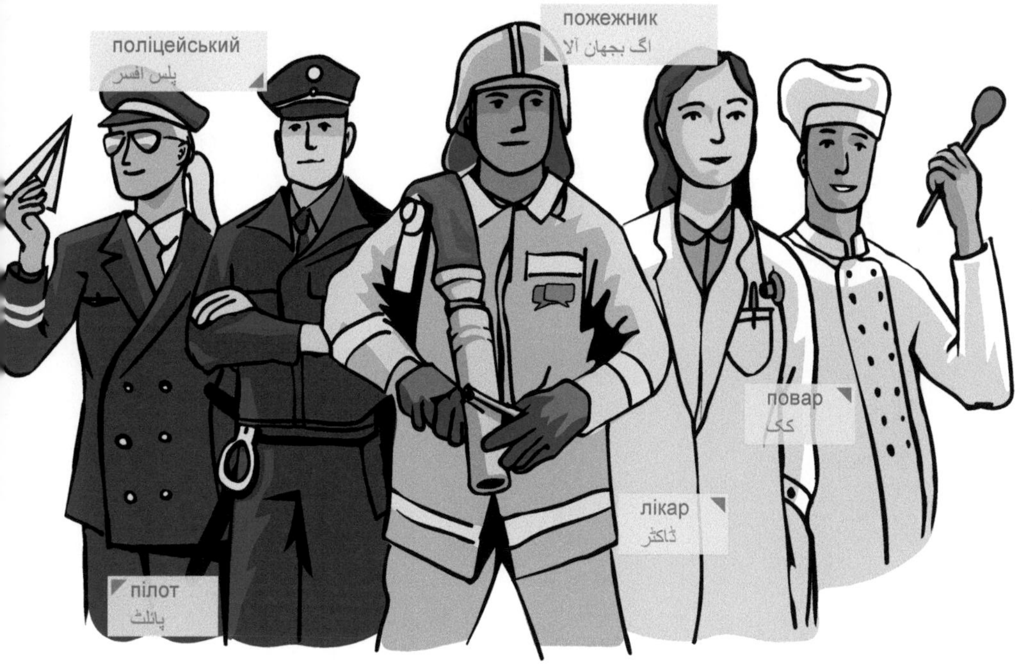

поліцейський
پلس افسر
пожежник
اگ بجھان آلا
повар
کک
лікар
ڈاکٹر
пілот
پائلٹ

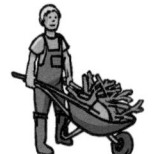

садівник

مالی

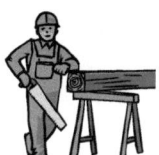

столяр

برھئی

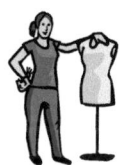

швачка

درزن

суддя

جج

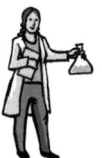

хімік

کیمسٹ

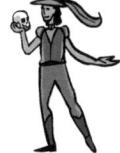

актор

ایکٹر

водій автобуса

بس ڈرائیور

таксист

ٹیکسی ڈرائیور

рибалка

مچھیرا

прибиральниця

صفائی آلی جنانی

покрівельник

روفر

офіціант

ویٹر

мисливець

شکاری

художник

پینٹر

пекар

بیکری آلا

електрик

الیکٹریشن

будівельник

تعمیرات آلا

інженер

انجینیئر

забійник

قصائی

бляхар

پلمبر

листоноша

پوسٹ مین

солдат

سپاہی

архітектор

آرکیٹیکٹ

касир

کیشئیر

флорист

پھلاں آلا

перукар

نائی

кондуктор

کنڈکٹر

механік

مکینک

капітан

کپتان

дантист

دندان ساز

вчений

سائنس دان

рабин

ربانی

імам

امام

монах

راہب

пастор

انگریز

інструменти

ٹولز

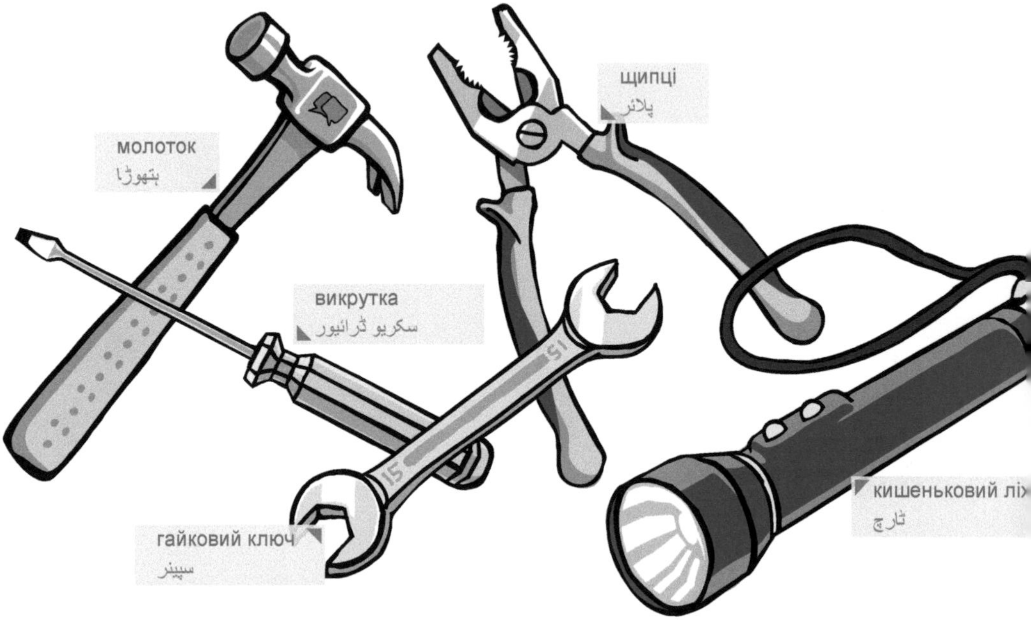

молоток
ہتھوڑا
щипці
پلائر
викрутка
سکریو ڈرائیور
гайковий ключ
سپینر
кишеньковий лі
ٹارچ

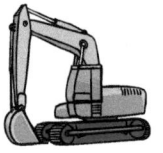

екскаватор

پھاوڑا

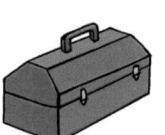

ящик для інструментів

ٹول باکس

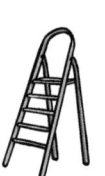

драбина

سیڑھی

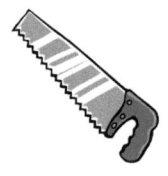

пилка

آری

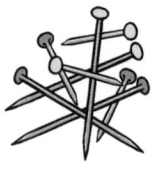

цвяхи

کیل

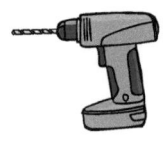

свердло

ڈرل

ремонтувати

مرمت

лопата

شاول

лайно!

لعنت!

совок

ڈسٹ پین

відро з фарбою

پینٹ پاٹ

гвинти

سکریوز

музичні інструменти

موسیقی نے آلات

динамік
لاؤڈ سپیکر

ударна установка
ڈرم کٹ

гітара
گٹار

контрабас
ڈبل بیس

труба
نرسنگے

фортепіано

پیانو

скрипка

وائلن

бас

بیس

литаври

ٹمپانی

барабан

ڈرمز

клавіатура

کی بورڈ

саксофон

سیگزو فون

флейта

بانسری

мікрофон

مائکروفون

зоопарк

چڑیا کھار

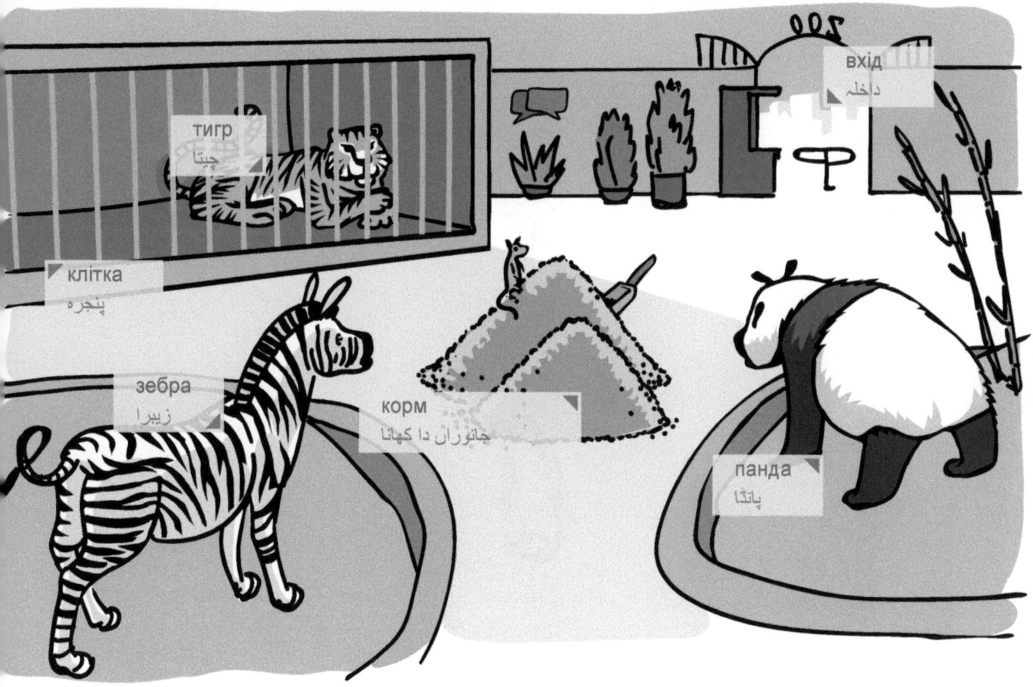
тигр
چیتا
клітка
پنجرہ
зебра
زیبرا
корм
جانوراں دا کھانا
вхід
داخلہ
панда
پانڈا

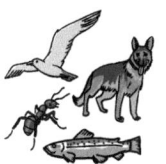

тварини

جانور

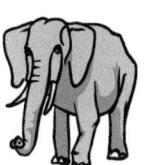

слон

ہاتھی

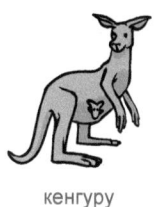

кенгуру

کینگرو

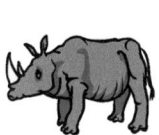

носоріг

گینڈا

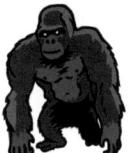

горила

گوریلا

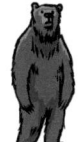

ведмідь

ریچھ

верблюд

اونٹ

страус

شترمرغ

лев

شیر

мавпа

باندر

фламінго

فلیمنگو

папуга

طوطا

білий ведмідь

برفانی ریچھ

пінгвін

پینگوئن

акула

شارک

павич

مور

змія

سپ

крокодил

مگرمچھ

працівник зоопарку

چڑیا گھر دا رکھوالا

тюлень

سیل

ягуар

جیگوار

поні

پونی

леопард

لیپرڈ

гіпопотам

ہپو

жираф

زرافہ

орел

چیل

кабан

نر سور

риба

مچھی

черепаха

کچھوا

морж

والرس

лисиця

لومبڑ

газель

گیزل

американський футбол
امریکن فٹبال

їзда на велосипеді
سائکلنگ

теніс
ٹینس

баскетбол
باسکٹ بال

плавання
سوئمنگ

бокс
باکسنگ

хокей
آئس ہاکی

футбол
فٹبال

бадмінтон
بیڈ منٹن

легка атлетика
ایتھلیٹکس

гандбол
ہینڈ بال

лижні перегони
سکیینگ

поло
پولو

стрибати
چھال مارنا

обіймати
چھپی پانا

сміятися
ہنسنا

йти
چلنا

співати
گانا گانا

мріяти
خواب

молитися
دعا

цілувати
بوسہ

писати
لکھنا

малювати
لیک لانا

показувати
وکھانا

тиснути
دھکا

давати
دینا

брати
لینا

мати

بے وے

робити

کرنا

бути

بو

стояти

کھلونا

бігати

دوڑنا

тягнути

چیھکنا

кидати

سٹنا

падати

ٹھینا

лежати

جھوٹ

очікувати

انتظار

носити

چکنا

сидіти

بیبھنا

одягати

کپڑے پانا

спати

سونا

просипатися

جاگنا

дивитися

ویکهنا

плакати

رونا/چلانا

гладити

سٹروک

розчісувати

کنگها

розмовляти

گل کرنا

розуміти

سمجهنا

питати

پوچهنا/دسنا

слухати

سننا

пити

پینا

їсти

کهانا

прибирати

تیار ہونا

любити

محبت

варити

پکانا

їхати

گاڑی چلانا

літати

اڑنا

йти під вітрилом

سمندری سفر

рахувати

کیلکولیٹ

читати

پڑھنا

вчитися

سیکھنا

працювати

کم

одружуватися

شادی

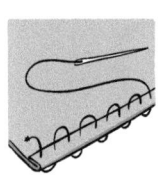

шити

سیونا

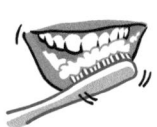

чистити зуби

دند صاف

убивати

قتل

курити

دھواں

посилати

بھیجنا

бабуся
دادی

немовля
بچہ

дідуся
دادا

мати
ماں

батько
پیر

донька
دھی

син
پتر

гість

مہمان

тітка

ماسی / پھو

дядько

چاچا/ماما

брат

بھرا

сестра

بہن

тіло

جسم

чоло
متھا
око
اکھ
плече
منڈھے
палець
انگلی
обличчя
منہ
підборіддя
ٹھوڑی
кисть
ہتھ
груди
چھاتی
нога
لت
рука
بانہ

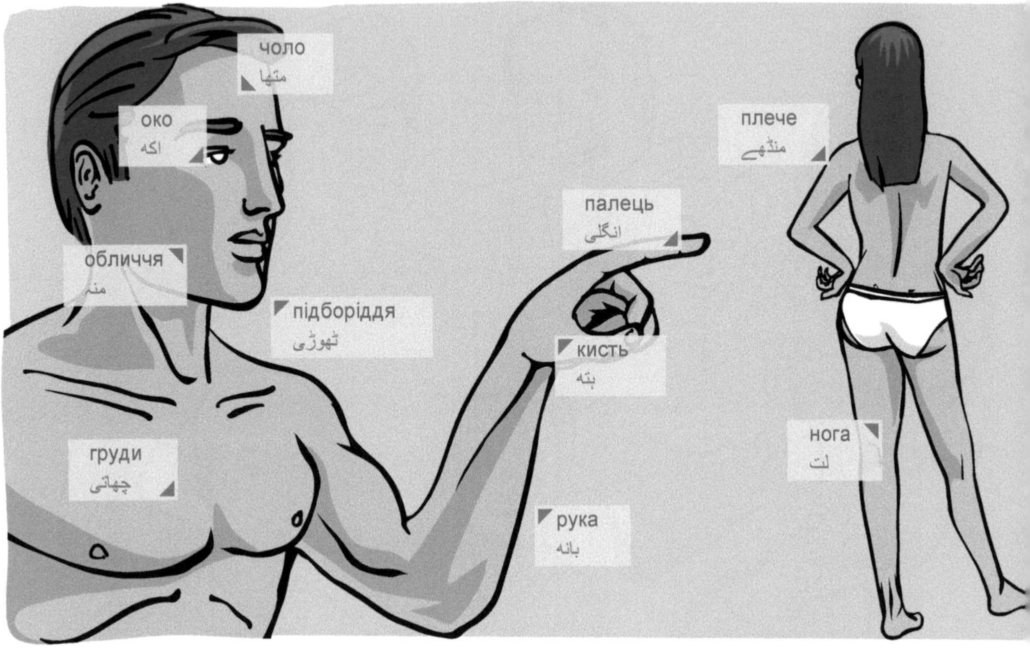

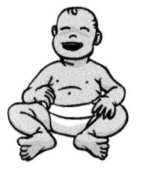

немовля

بچہ

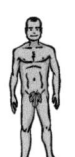

чоловік

بندہ

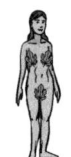

жінка

جنانی

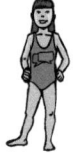

дівчина

کڑی

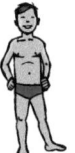

хлопчик

مڑا

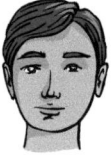

голова

سر

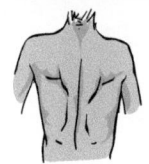

спина

کمر

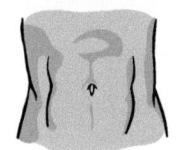

живіт

ٹھٹڈ

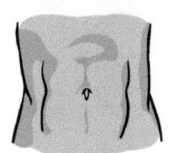

пуп

تهنی

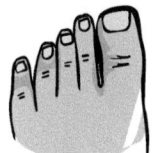

палець ноги

پنجہ

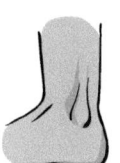

п'ята

اڈی

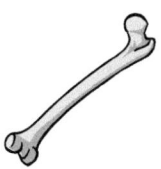

кістка

بٹہ

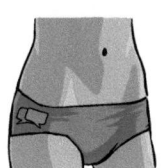

стегно

کولہے

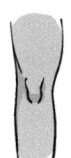

коліно

گوٹھے

лікоть

کہنی

ніс

نک

сідниці

زیر جامہ

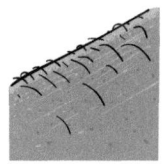

шкіра

کھل

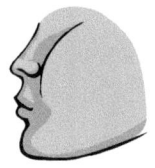

щока

گلاں

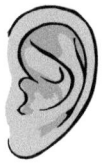

вухо

کن

губа

بل

рот

منہ

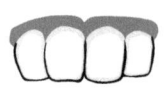

зуб

دند

язик

زبان

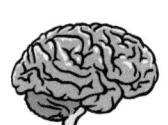

мозок

دماغ

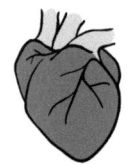

серце

دل

м'яз

پٹھے

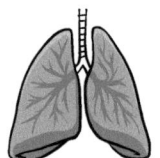

легені

پھیپھڑے

печінка

جگر

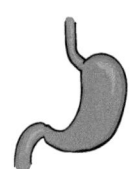

шлунок

معدہ

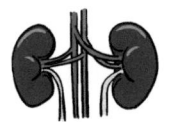

нирки

گردے

статевий акт

جنس

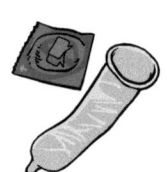

презерватив

کنڈم

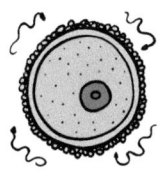

яйцеклітина

انڈے

сперма

منی

вагітність

حمل

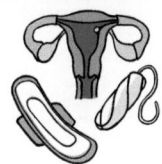

менструація

حیض

вагіна

اندام نهانی

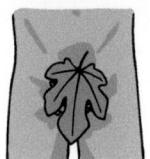

пеніс

عضو تناسل

брова

بھوں

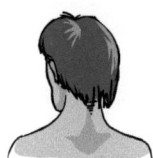

волосся

بال

шия

گردن

лікарня

ہسپتال

лікарня
ہسپتال
машина швидкої допомоги
ایمبولنس
інвалідний візок
وہیل چئیر
перелом
فریکچر

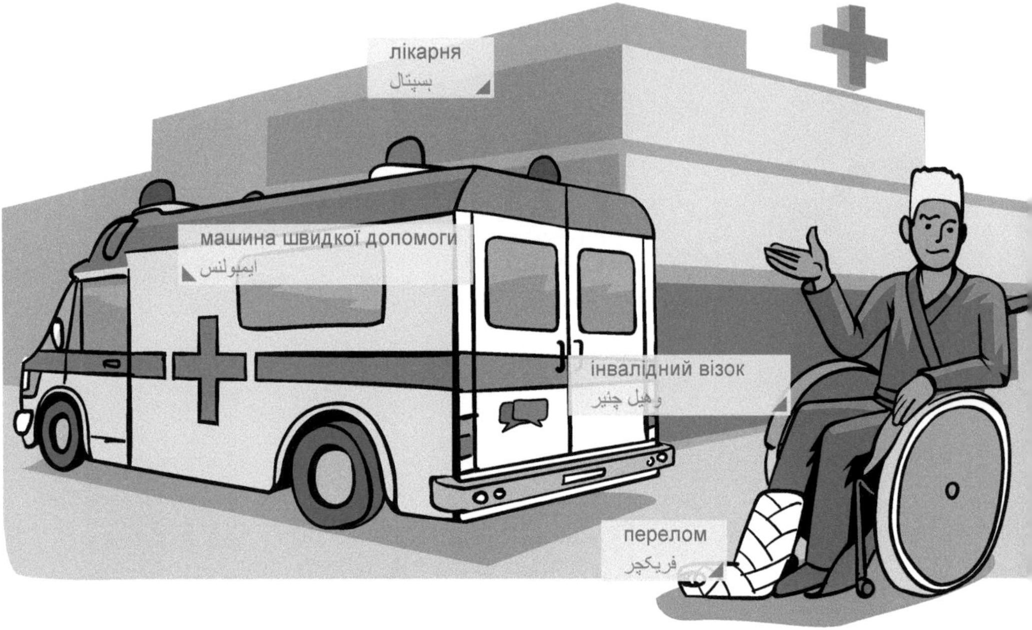

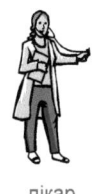

лікар

ڈاکٹر

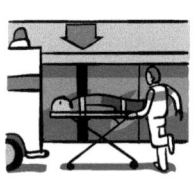

відділення швидкої медичної допомоги

ہنگامی کمرہ

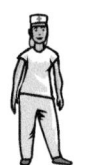

медсестра

نرس

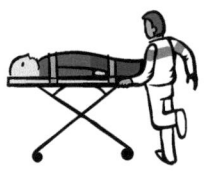

аварійний випадок

ایمرجنسی

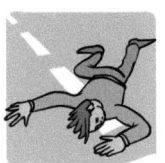

непритомний

بے ہوش

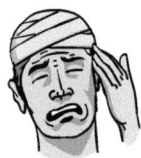

біль

درد

травма

سٹ

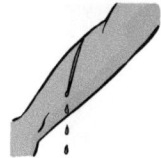

кровотеча

خون نکلنا

інфаркт

دل نا دوره

інсульт

فالج

алергія

الرجی

кашель

کھنگ

лихоманка

تپ

грип

نزلہ

пронос

اسہال

головна біль

سر درد

рак

کینسر

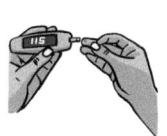

діабет

شوگر(ذیابطس)

хірург

سرجن

скальпель

سکیلپیل

операція

آپریشن

КТ

سی ٹی

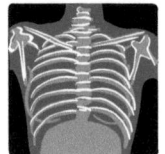

рентген

ایکسرے

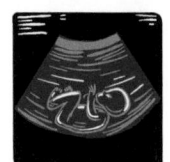

ультразвук

الٹرا ساؤنڈ

маска

چہرے نا ماسک

хвороба

بماری

зал очікування

انتظار گاہ

милиця

بیساکھی

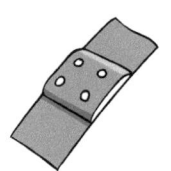

пластир

پلستر

пов'язка

پٹی

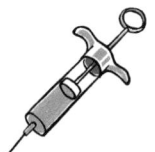

ін'єкція

ٹیکہ

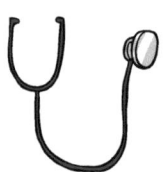

стетоскоп

سٹیتھوسکوپ

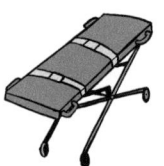

ноші

اسٹریچر

термометр

کلینکل تھرمومیٹر

народження

پیدائش

надмірна вага

زائدالوزن

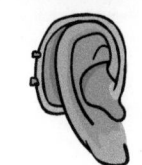

слуховий апарат

سنن لئی آلہ

дезінфікуючий засіб

جراثیم کش

інфекція

متعدی مرض

вірус

وائرس

ВІЛ / СНІД

HIV/AIDS

медицина

دوائی

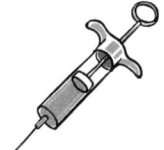

вакцинація

ویکسینیشن

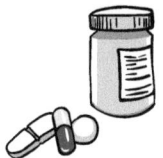

таблетки

گولیاں

протизаплідна пігулка

گولی

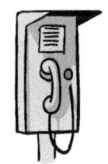

екстрений виклик

ہنگامی کال

тонометр

بلڈ پریشر مانیٹر

хворий / здоровий

بیمار / صحتمند

сигнал тривоги

الارم

напад

حمله

Допоможіть!

مدد!

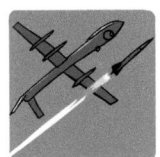

атака

حمله

небезпека

خطره

аварійний вихід

بنگامی اخراج

Вогонь!

اگ!

вогнегасник

اگ بجاهن والا آله

аварія

حادثه

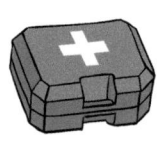

аптечка

فرسٹ ایڈ کٹ

COC

SOS

поліція

پلس

Європа

یورپ

Північна Америка

شمالی امریکه

Південна Америка

جنوبی امریکه

Африка

افریقه

Азія

ایشیاء

Австралія

آسټرالیا

Атлантика

اتلانتک

Тихий океан

پیسیفک

Індійський океан

بحیره هند

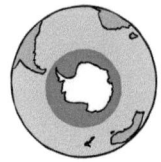

Антарктичний океан

بهیره انتارکتک

Північний Льодовитий океан

بهیره آرکتیک

Північний полюс

قطب شمالی

Південний полюс

قطب جنوبی

Антарктика

انٹارکٹیکا

Земля

زمین

суша

خشکی

море

سمندر

острів

جزیرہ

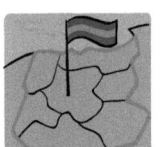

нація

قوم

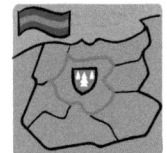

держава

ریاست

циферблат

کلاک فیس

годинникова стрілка

نکی سونُی

хвилинна стрілка

وڈی سونُی

секундна стрілка

سیکنڈ بینڈ

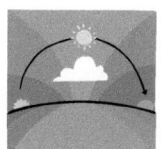

Котра година?

کی ٹائم ہویا اے؟

день

دن

час

وقت

зараз

ہون

цифровий годинник

ڈیجیٹل گھڑی

хвилина

منٹ

година

گھنٹہ

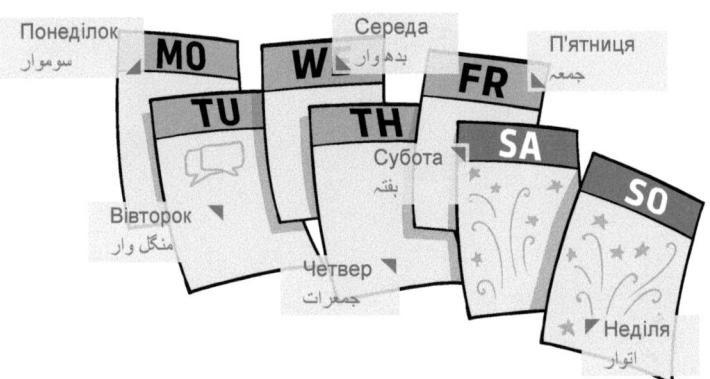

Понеділок
سوموار

Середа
بدهوار

П'ятниця
جمعه

Вівторок
منگل وار

Четвер
جمعرات

Субота
هفته

Неділя
اتوار

вчора

کل

сьогодні

اج

завтра

کل

ранок

سویر

опівдні

دوپہر

вечір

شام

робочі дні

کاروباری دن

кінець робочого тижня

ویک اینڈ

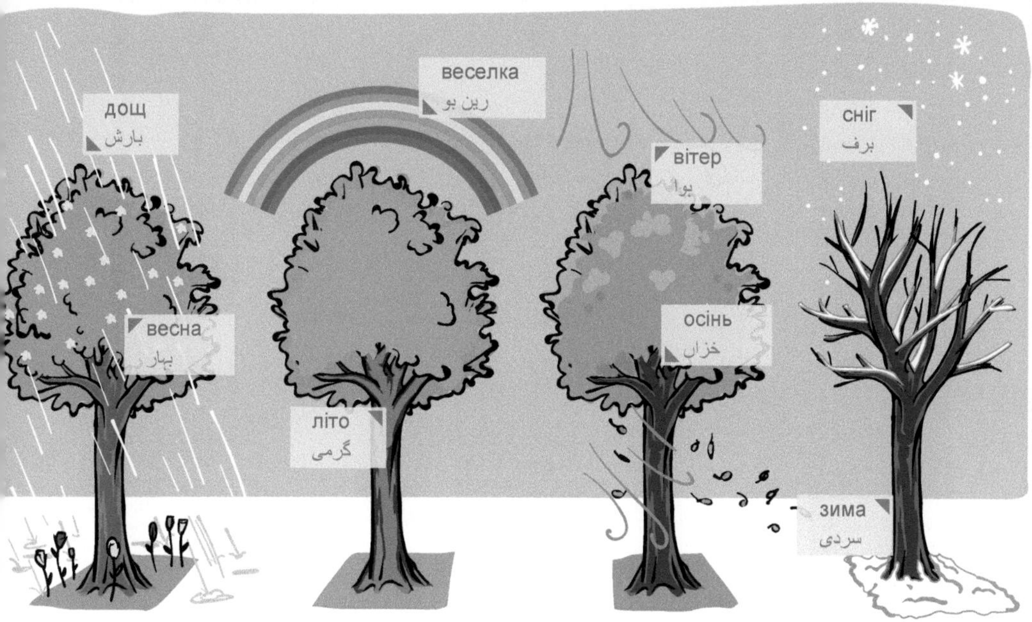

дощ
بارش
веселка
رین بو
вітер
ہوا
сніг
برف
весна
بہار
літо
گرمی
осінь
خزاں
зима
سردی

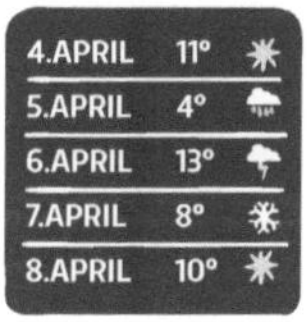

4.APRIL 11°
5.APRIL 4°
6.APRIL 13°
7.APRIL 8°
8.APRIL 10°

прогноз погоди

موسمی پیشگوئی

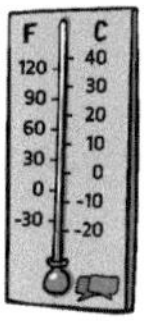

F C
120 40
90 30
60 20
30 10
0 0
-30 -10
-20

термометр

تھرمامیٹر

сонячне світло

سورج نے چمک

хмара

بدل

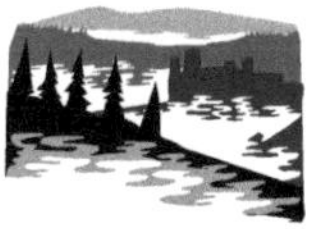

туман

دھند

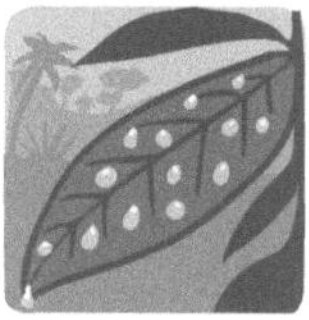

вологість повітря

نمی

блискавка

بجلی کڑکنا

грім

گرج

шторм

ٹھیری

град

اولے

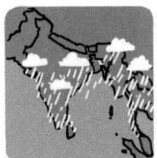

мусон

ساون

повінь

سیلاب

лід

برف

Січень

جنوری

Лютий

فروری

Березень

مارچ

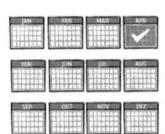

Квітень

اپریل

Травень

مئی

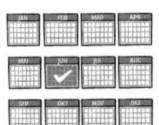

Червень

جون

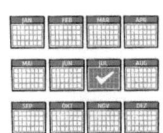

Липень

جولائی

Серпень

اگست

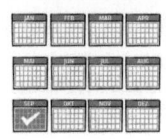

Вересень

ستمبر

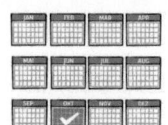

Жовтень

اکتوبر

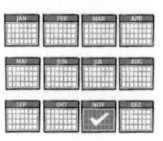

Листопад

نومبر

Грудень

دسمبر

круг

گول

квадрат

چوکور

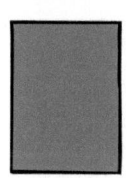

прямокутник

مستطیل

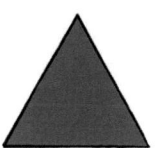

трикутник

مثلث

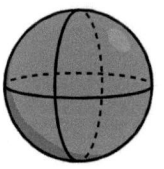

куля

دائره نما

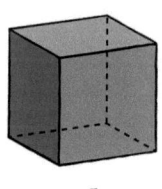

куб

مکعب

білий

چٹا

жовтий

پیلا

помаранчевий

نارنجی

рожевий

گلابی

червоний

رتا

фіолетовий

جامنی

синій

نیلا

зелений

ہرا

коричневий

کتھی

сірий

سرمئی

чорний

کالا

багато / мало

زیاده / گھٹ

лютий / мирний

ناراض / پرسکون

гарний / бридкий

خوبصورت / بدصورت

початок / кінець

ابتداء / اختتام

великий / малий

وڈا / نکا

світлий / темний

روشن / نهيرا

брат / сестра

بھرا / بہن

чистий / брудний

صاف / گندا

завершений /
незавершений

مکمل / نا مکمل

день / ніч

دن / رات

мертвий / живий

مرده / انده

широкий / вузький

چوڑا / تنگ

їстівний / неїстівний

خوردنی / ناقابل خوردنی

злий / дружній

پھیڑا / چنگا

збуджений / нудьгуючий

خوش / ناخوش

товстий / тонкий

موٹا / پتلا

спочатку / востаннє

پہلا / آخری

друг / ворог

دوست / دشمن

повний / порожній

بھریا / خالی

жорсткий / м'який

سخت / نرم

важкий / легкий

بھاری / ہلکا

голод / спрага

بھوک / پیاس

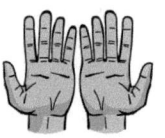

хворий / здоровий

بیمار / صحتمند

незаконний / законний

قانونی / غیر قانونی

розумний / дурний

ذہین / بیوقوف

вліво / вправо

کھبا / سجا

поруч / далеко

کولے / دور

новий / використаний

نواں / پرانا

нічого / щось

كجه ننيں / سب كجه

старий / молодий

بڈها / جوان

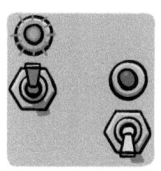

вкл / викл

كهولنا / بند كرنا

відкрито / закрито

كهولنا / بند كرنا

тихо / гучно

خاموشى / شور

багатий / бідний

امير / غريب

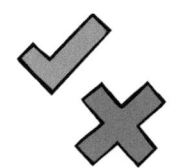

правильно / неправильно

درست / غلط

шорсткий / гладкий

كهردرا / ہموار

сумний / щасливий

افسرده / خوش

короткий / довгий

نكا / لما

повільно / швидко

آہستہ / تيز

вологий / сухий

گيلا / خشك

гарячий / холодний

گرم / ٹهنڈا

війна / мир

جنگ / امن

0
нуль

صفر

1
один

اک

2
два

دو

3
три

تن

4
чотири

چار

5
п'ять

پنج

6
шість

چه

7
сім

ست

8
вісім

اٹھ

9
дев'ять

نو

10
десять

دس

11
одинадцять

یاراں

12

дванадцять

باراں

13

тринадцять

تيراں

14

чотирнадцять

چودا

15

п'ятнадцять

پندره

16

шістнадцять

سوله

17

сімнадцять

ستاراں

18

вісімнадцять

اتهاراں

19

дев'ятнадцять

انیه

20

двадцять

وی

100

сто

سو

1.000

тисяча

هزار

1.000.000

мільйон

ملین

англійська

انگریزی

американська англійська

أمریکی انگریزی

китайська
високочиновницька

چینی مینڈرین

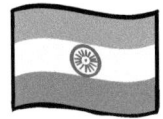

хінді

ہندی

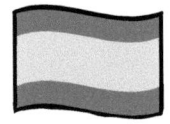

іспанська

سپینش

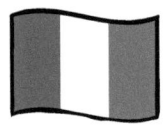

французька

فرینچ

арабська

عربی

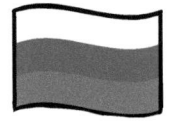

російська

رشین

португальська

پرتگالی

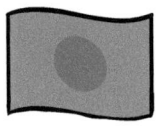

бенгальська

بنگالی

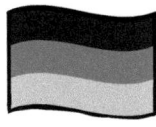

німецька

جرمن

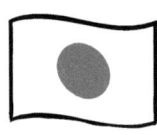

японська

جاپانی

я

میں

ти

تُوں

він / вона / воно

وہ/اوہ/اہیہ

ми

أسیں

ви

تُوں

вони

او

хто?

کون؟

що?

کی؟

як?

کیوں؟

де?

کتھے؟

коли?

کدوں؟

ім'я

ناں

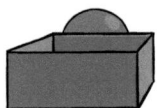

ззаду

پچھے

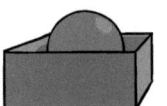

в

وچ

перед

نے سامنے

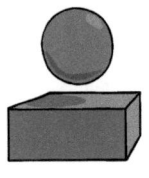

над

تے

на

تے

під

پیٹ

біля

سوا

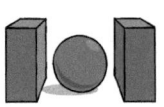

між

مابین

місце

جگہ